Made in the USA
Las Vegas, NV
13 January 2022

41246571R00057